보물찾기 놀이

엘리, 오웬, 타일러, 테레사는 소파 쿠션 아래에서 9개의 동전을 발견했어요.
도움말을 보고 누가 어느 동전을 찾았는지 알아맞혀 보세요.

도움말

- 오웬은 같은 동전 3개를 발견했어요.
- 엘리는 가장 큰 동전을 발견했어요.
- 테레사는 서로 다른 동전 2개를 발견했어요.
- 타일러가 발견한 동전을 합하면 모두 16센트예요.

Art by Mike Petrik

오렌지는 10센트까지 3개를 받김했어요.
애리는 25센트까지 웅진을 받김했어요.
티쇠사느 5센트박시 10센트까지 웅진을 받김했어요.
판드리는 1센트, 5센트,
그리고 10센트까지 웅진을 받김했어요.

햄스터의 이름은?

숫자를 좋아하는 지젤이 3가지 계산 문제를 냈어요.
몇 번 문제의 정답이 가장 큰 수인가요? 그 문제의 색깔 있는 알파벳을
아래 빈칸에 쓰면 햄스터의 이름을 알 수 있어요.

1 정답: _____

- Num**B**er of days in Ap**R**il
  4월의 날짜 수를
- Div**I**ded by the number of bears in the Goldilocks story
  곰 세 마리 이야기의 곰 숫자로 나눈다
- Plus the number of le**G**s on a spider
  거미 다리 수를 더한다
- M**I**nus the number of quar**T**ers in a dollar
  1달러가 되는 쿼터 동전의 수를 뺀다

2 정답: _____

- Number of vo**W**els (not **I**ncluding Y)
  영어 모음의 수(Y는 뺀다)에
- Multiplie**D** by the number of sides on a penta**G**on
  오각형의 변의 수를 곱한다
- Plus the number of dim**E**s in two dollars
  2달러가 되는 다임(10센트) 동전의 수를 더한다
- Divided by the number of points in a foo**T**ball field goal
  미식축구에서 필드골 점수(3점)로 나눈다

3 정답: _____

- Number **O**f states in the USA
  미국 주의 개수를
- Divided by the numbe**R** of singers in a duet
  듀엣 팀의 가수 인원수로 나눈다
- Plus the numbe**R** of sides on a decagon
  십각형의 변의 수를 더한다
- M**I**nus the number of hour**S** in a day
  하루의 시간 수를 뺀다

햄스터의 이름은 _____.

Art by Mike Moran

1. $30 \div 3 = 10$
$10 + 8 = 18$
$18 - 4 = 14$

2. $5 \times 5 = 25$
$25 + 20 = 45$
$45 \div 3 = 15$

3. $50 \div 2 = 25$
$25 + 10 = 35$
$35 - 24 = 11$
햄스터의 이름은 WIDGET(위드젯).

물고기는 어디에?

아래 어항 속에서 전부 14마리의 물고기들이 헤엄치고 있어요.
아래 설명을 잘 보고 물고기가 어디에 있는지 맞혀 보세요.

아래 표 안의 숫자들은 그 숫자의 주변(위, 아래, 오른쪽, 왼쪽, 대각선)에 물고기가 몇 마리 있는지 나타내요. 물고기가 들어갈 수 없는 빈칸에 **X**표를 하고, 물고기가 들어갈 빈칸에 **F**표를 하세요.

도움말

- 숫자 있는 칸에 물고기는 들어갈 수 없어요.
- 숫자 0과 닿아 있는 칸에 X표를 하세요.
- 물고기가 있다고 확신하는 곳을 찾아 먼저 채우세요.

이 표에는 물고기가 4마리 있어요.

	3	1
	1	
		1
	0	

이 표에는 물고기가 10마리 있어요.

			2		
	0				2
		1	4		
	3				
				1	3
3					

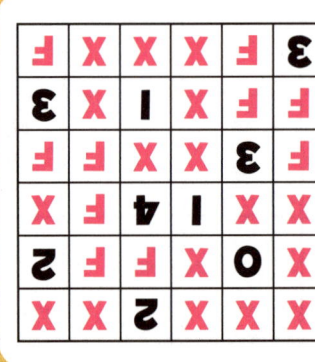

잠수부의 규칙

규칙에 따라 아래 표에서 숫자를 5개씩 묶어 색칠하세요.
그러면 아래 표가 전부 5가지 색깔로 나누어질 거예요.

규칙

- 1가지 색으로 칠해질 5칸 안에는 각각 다른 숫자가 들어가야 해요.
- 5가지 색깔로 나뉜 모양이 전부 달라야 해요.
- 같은 색이 칠해진 부분의 5개 숫자를 합치면 21이 되어야 해요.
- 같은 색으로 칠해진 부분에 같은 숫자가 두 번 들어가면 안 돼요.

7	3	3	9	1
1	4	2	5	5
8	8	7	2	4
2	7	7	6	1
1	2	3	3	4

Art by David Coulson

튜브의 번호는?

튜브에 적힌 숫자들을 자세히 살펴보세요.
어떤 규칙성이 있는지 알아본 뒤 빈칸을 채워 보세요.

멈지 2를 따라한 다음,
3씩 뛰어서 규칙을 찾아보세요.
1, 3, 6, 8, 11, 13, 16, 18, 21, 23, 26, 28,
31, 33, 36, 38, 41, 43, 46, 48

상품을 맞혀라!

아래 도움말을 읽고 무슨 물건을 가리키는지 알아맞혀 보세요.
알아맞히면 상품으로 받을 수 있답니다!

도움말

- 상품 번호는 5로 나누어떨어지지 않아요.
- 상품 번호에는 3이 없어요.
- 상품 번호에는 짝수가 3개 있어요.
- 상품 번호를 다 더하면 22가 나와요.

Art by Wendy Wax

양쪽은 스케이트로 타요.

강아지 더하기

아래 9가지 종류의 강아지 그림이 있어요. 각 강아지는 1부터 9까지의 숫자를 의미해요.
아래 도움말을 보고 해당 강아지에 숫자를 넣어 문제를 푸세요.
나머지 강아지들의 숫자를 알 수 있어요.

 +  =     +  =

 +  +  =

 +  =     +  =

+   +   +

도움말:

3 + 4 = 7; 4 + 4 = 8

3 + 2 + 2 = 7

2 + 6 = 8; 6 + 3 = 9

$$\begin{array}{r} 11 \\ +22 \\ \hline 33 \end{array} \qquad \begin{array}{r} 65 \\ +12 \\ \hline 77 \end{array} \qquad \begin{array}{r} 53 \\ +46 \\ \hline 99 \end{array}$$

행운의 나눗셈

구름 속 나눗셈을 풀어 정답으로 나온 숫자가 얼마인지 알아보세요.
그런 다음, 아래 빈칸에 각 숫자를 나타내는 알파벳을 알맞게 넣어 수수께끼를 풀어 보세요.

60 ÷ 5 = W

21 ÷ 3 = T

50 ÷ 5 = L

44 ÷ 4 = R

36 ÷ 6 = H

72 ÷ 8 = E

무지개 끝에는 무엇이 있나요?

__ __ __   __ __ __ __ __ __   __ __
7 6 9   10 9 7 7 9 11   12

무지개 끝에는 무엇이 있나요?
THE LETTER W 돋보기에 W

무지개는 영어로 RAINBOW에요.
단어의 맨 끝에 알파벳 W(더블유)가 있어서
뭔가 수수께끼에요.

길을 잃었어요

길을 잃은 X가 숫자 표의 가운데에 있어요. 홀수 숫자를 따라 숲을 빠져나와 보세요.
위, 아래, 왼쪽, 오른쪽, 대각선으로 이동할 수 있어요.

도움말

X가 처음으로 만나는 숫자는 3이고 마지막으로 만나는 숫자는 오른쪽 아래에 있는 3이에요.

3	2	4	2	9	4	4	8	5
2	8	1	2	8	6	7	6	4
6	5	6	4	6	1	2	9	6
6	1	3	5	8	3	2	1	8
4	9	8	5	X	4	8	7	6
8	2	7	9	8	6	9	2	6
5	2	2	1	6	8	4	7	4
1	4	3	9	2	6	2	5	4
7	6	2	2	6	9	8	6	3

맛있는 빵집

스티비는 빵집에서 아래의 동전으로 1.08달러어치 빵을 샀어요.
어떤 동전 1개가 남았을까요?

스티비가 가진 동전

25세트 운진 1개가 남았어요.

나무늘보 세상

나무늘보 수잔은 기타 연주를 보고 싶어 하고, 버트는 튜브 투어를 가고 싶어 하고 도라는 밧줄을 타고 싶어 해요. 이 세 개의 활동은 지금 모두 동시에 시작됐어요. 아래 표지판을 보고 지금은 몇 시인지 알아맞혀 보세요.

Art by Jessika von Innerebner

지금은 오후 6시예요.

뼈다귀는 어디에?

아래 흙 속에 전부 13개의 뼈다귀가 묻혀 있어요.
아래 설명을 잘 보고 뼈다귀가 어디에 있는지 맞혀 보세요.

아래 표 안의 숫자들은 그 숫자의 주변(위, 아래, 오른쪽, 왼쪽, 대각선)에 뼈다귀가 몇 개 있는지 나타내요. 뼈다귀가 들어갈 수 없는 빈칸에 **X**표를 하고, 뼈다귀가 들어갈 빈칸에 **DB** 표를 하세요.

도움말

- 숫자 있는 칸에 뼈다귀는 들어갈 수 없어요.
- 숫자 0과 닿아 있는 칸에 X표를 하세요.
- 모서리에 있는 숫자 먼저 살펴보고 뼈다귀가 있다고 확신하는 곳을 찾으세요.

이 표에는 뼈다귀가 3개 있어요.

1		0	
2		1	
	2		1

이 표에는 뼈다귀가 10개 있어요.

3		3		3	
					2
2		1			
					2
1		0		3	

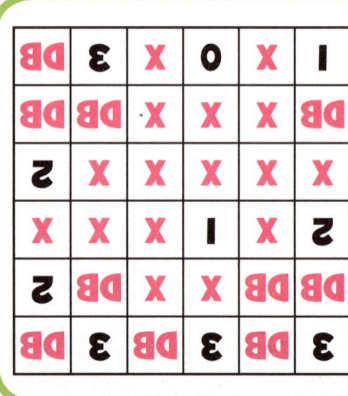

완벽한 쌍

아래 표에서 위, 아래, 가로, 세로, 대각선으로 나란한 두 수를 합한 값이 20이 되는 수를 찾아 묶으세요. 모든 숫자를 다 묶으세요.

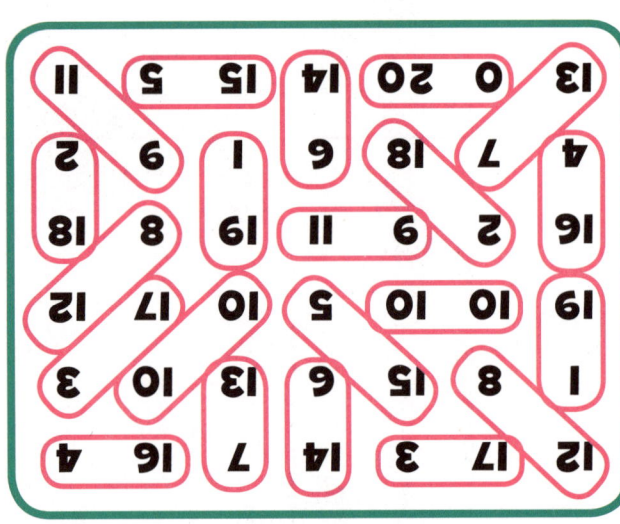

롤러코스터의 번호는?

롤러코스터의 각 칸에 적힌 숫자들을 자세히 살펴보세요.
어떤 규칙성이 있는지 알아본 뒤 빈칸을 채워 보세요.

숫자들은 8씩 커져요.
8, 16, 24, 32, 40, 48, 56, 64,
72, 80, 88, 96, 104, 112,
120, 128, 136, 144, 152, 160

숨바꼭질

아래 표에서 9로 나누어떨어지지 않는 숫자가 든 칸을 지우세요.
그런 다음, 남은 칸의 알파벳들을 아래 빈칸에 쓰세요.
맨 아랫줄 오른쪽 마지막 알파벳부터 시작해서 왼쪽으로,
그 윗줄들도 오른쪽에서부터 왼쪽으로 이동하면서 순서대로 쓰세요.

15 V	39 C	54 S	60 F	48 N	24 W
36 P	76 H	19 P	72 O	56 L	88 X
63 T	84 J	21 Y	3 B	90 A	49 K
89 M	81 R	12 D	28 Q	135 E	76 C
42 Y	100 I	27 C	58 F	138 B	72 I
151 Z	64 K	108 R	53 L	162 T	125 N

공룡의 이름은 무엇일까요?

_ _ _ _ _ _ _ _ _ _ _ _

TRICERATOPS 트리케라톱스

X 135	162 T	X 57	108 R	X 54	X 134
72 I	X 123	27 C	X 100	X 43	X
X 36	135 E	28 X	X 43	81 R	X 99
X	90 A	X B	X	X	63 T
X Y	X L	72 O	X P	X H	36 P
X Y	X	X	54 S	X	X

래프팅 경주

세 그룹의 래프팅 선수들이 경주에 참가하고 있어요. 그룹마다 각기 다른 코스로 결승점을 향하고 있고, 각기 다른 속도로 노를 저어 가고 있어요. 각 그룹은 어떤 순서로 결승점에 도착할까요?

코스	거리	그룹	1시간에 가는 거리
1	42 마일	A	7 마일
2	30 마일	B	6 마일
3	44 마일	C	11 마일
4	24 마일	D	8 마일

D블록 3가지 맛이 골고루 섞여있어요.
(24 ÷ 8 = 3)
C블록 4가지 맛이 골고루 섞여있어요.
(44 ÷ 11 = 4)
B블록 5가지 맛이 골고루 섞여있어요.
(30 ÷ 6 = 5)
A블록 6가지 맛이 골고루 섞여있어요.
(42 ÷ 7 = 6)

분수 수수께끼

아래 수수께끼 속 분수는 각 영어 단어의 특정 알파벳을 가리켜요. 예를 들어 'BUS의 $\frac{1}{3}$의 뒷부분'이라고 하면 BUS라는 알파벳을 3부분으로 똑같이 나눈 것 중 뒷부분 S를 가리키지요.

수학 선생님은 무엇을 먹나요?

- **SQUASH**(호박)의 $\frac{1}{2}$의 앞부분
- **ARTIST**(예술가)의 $\frac{1}{3}$의 앞부분
- **POEM**(시)의 $\frac{1}{2}$의 뒷부분
- **CONCEALS**(숨기다)의 $\frac{1}{2}$의 뒷부분

_ _ _ _ _ _ _ _

수학 선생님은 왜 노래방에서 노래를 멈췄나요?

- **USHER**(안내원)의 $\frac{3}{5}$의 뒷부분
- **MANUAL**(설명서)의 $\frac{1}{3}$의 중간부분
- **CUCUMBER**(오이)의 $\frac{1}{2}$의 뒷부분
- **BEWARE**(조심하다)의 $\frac{1}{3}$의 중간부분
- **SUPERSTAR**(슈퍼스타)의 $\frac{1}{3}$의 앞부분

_ _ _ _ _ _ _ _ _ _ _ .

수학 선생님은 무엇을 먹나요?
SQUARE MEALS 영양가 있는 식사

SQUARE MEAL은 영양가 있는 식사란 뜻입니다.
'정사각형'이라는 뜻인 SQUARE과 단어가 같아서
만들어진 수수께끼예요.

수학 선생님은 왜 노래방에서 노래를 멈췄나요?
HER NUMBER WAS UP. 그녀의 차례가 끝나서.

영어로 '누군가의 숫자가 올라갔다'는 표현은 보통
'누군가의 시간이 다 되었다'는 것을 의미해요. 수학
선생님과 숫자 관용구를 이용해 만든 수수께끼예요.

아이스크림 사기

조시, 애니와 맥스, 새미를 도와 계산해 보세요.

조시는 아이스크림 가게에서 아이스크림선디를 샀어요. 5달러를 내고 0.80달러를 거슬러 받았어요. 아이스크림선디는 얼마일까요?

애니와 맥스가 산 아이스크림콘 2개의 값을 합하면 6.80달러예요. 거스름돈을 3.20달러 받았다면 처음에 낸 돈은 얼마일까요?

새미는 밀크셰이크를 사는 데 5.50달러를 썼고 2.40달러 남았어요. 처음에는 얼마를 가지고 있었을까요?

Art by Jennifer Zivoin

조시의 아이스크림선디는 4,20달러예요.
에나의 빼스추는 10달러를 썼어요.
새미는 7,90달러를 가지고 있었어요.

암호를 풀어라

각 수수께끼 아래에 시각이 나와 있어요.
오른쪽 표를 보고 각 시각에 해당하는 알파벳을 써 보면 정답을 알 수 있어요.

1. 파리 1마리를 잡으려고 개구리 5마리가 경쟁할 때는 몇 시인가요?

정답: 0:25 0:40 1:45 0:20
    0:00 0:25 1:35 0:20 1:25
    1:10 1:05 0:20.

2. 시계를 밟으면 안 되는 이유는 무엇인가요?

정답: 0:40 1:35 ' 1:30   0:00
    1:50 0:00 1:30 1:35 0:20
    1:10 0:25   1:35 0:40 1:00 0:20.

3. 무엇이 똑딱, 똑딱거리고 스코틀랜드의 호수에 숨나요?

정답: 1:35 0:35 0:20
    0:10 0:55 1:10 0:10 0:50
    1:05 0:20 1:30 1:30
    1:00 1:10 1:05 1:30 1:35 0:20 1:25.

암호	
0:00 =	A
0:05 =	B
0:10 =	C
0:15 =	D
0:20 =	E
0:25 =	F
0:30 =	G
0:35 =	H
0:40 =	I
0:45 =	J
0:50 =	K
0:55 =	L
1:00 =	M
1:05 =	N
1:10 =	O
1:15 =	P
1:20 =	Q
1:25 =	R
1:30 =	S
1:35 =	T
1:40 =	U
1:45 =	V
1:50 =	W
1:55 =	X
2:00 =	Y
2:05 =	Z

1. 파리 1마리를 잡으려고 개구리 5마리가
경쟁할 때는 몇 시인가요?
Five after one 1시 5분

Five after one이 '1시가 지난 5분'이라는 뜻도
있고, '하나를 쫓는 다섯'이라는 뜻도 있어서 생긴
수수께끼예요.

2. 시계를 밟으면 안 되는 이유는 무엇인가요?
It's a waste of time. 시간 낭비니까.

시간(time)은 시계를 통해서 보니까, 시계를 밟는 건
시간을 낭비하는 것과 같다는 뜻의 수수께끼예요.

3. 무엇이 똑딱, 똑딱거리고 스코틀랜드의 호수에
숨나요?
The Clock Ness Monster 시계 네스 괴물

스코틀랜드의 네스 호수(Loch Ness)의 괴물(monster)
은 신화적인 생명체입니다. '호수'라는 뜻의 Loch를
'시계'라는 뜻의 Clock으로 바꿔서 만든 수수께끼예요.

눈송이 미로

출발에서 도착까지 가면서 만난 수를 모두 더하면 21이 되는 길을 찾아보세요.
위, 아래, 왼쪽, 오른쪽, 대각선으로 움직일 수 있어요.

몇 살일까?

오늘은 올리비아의 생일이에요! 도움말을 읽고 올리비아의 나이를 알아맞혀 보세요.

도움말

- 올리비아의 언니 벨라는 13살이에요.
- 올리비아는 오빠 제이든보다 5살 어리고, 남동생 루이스보다 3살 많아요.
- 루이스는 벨라보다 6살이 어려요.

용리미터는 방울이다.

우산 놀이

아래 지시대로 알파벳을 지우고 남은 알파벳을 빈칸에 순서대로 쓰면 수수께끼를 풀 수 있어요.

- A와 3이 만나는 곳의 알파벳을 지우세요.
- B와 1, 4가 만나는 곳의 알파벳을 지우세요.
- C와 2, 5가 만나는 곳의 알파벳을 지우세요.
- D와 1, 3, 4가 만나는 곳의 알파벳을 지우세요.
- E와 2, 5가 만나는 곳의 알파벳을 지우세요.

	1	2	3	4	5
A	W	H	O	E	N
B	C	T	H	O	E
C	S	E	U	N	T
D	R	I	T	P	S
E	O	L	U	T	D

우산 1개를 6명이 함께 쓰면서도 하나도 젖지 않을 수 있을 때는?

W H E N

T H E

S U N   I S

O U T

Art by Judith Moffatt

WHEN THE SUN IS OUT 해가 나왔을 때

눈송이는 어디에?

아래 벙어리장갑에는 전부 14개의 눈송이들이 있어요.
아래 설명을 잘 보고 눈송이가 어디에 있는지 맞혀 보세요.

아래 표 안의 숫자들은 그 숫자의 주변(위, 아래, 오른쪽, 왼쪽, 대각선)에 눈송이가 몇 개 있는지 나타내요. 눈송이가 들어갈 수 없는 빈칸에 **X**표를 하고, 눈송이가 들어갈 빈칸에 **S**표를 하세요.

도움말

- 숫자 있는 칸에 눈송이는 들어갈 수 없어요.
- 숫자 0과 닿아 있는 칸에 X표를 하세요.
- 표에서 숫자가 많은 쪽부터 시작하세요.

이 표에는 눈송이가 4개 있어요.

이 표에는 눈송이가 10개 있어요.

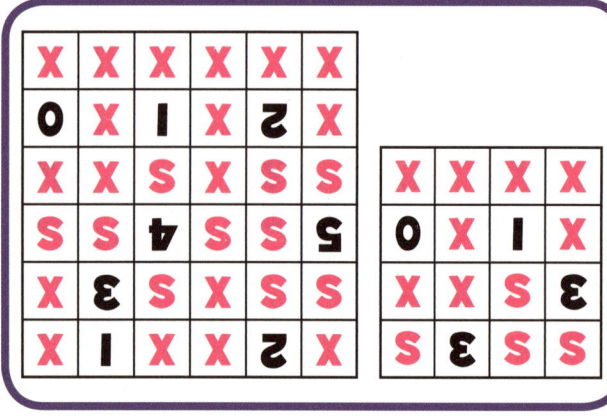

완벽한 쌍

아래 표에서 위, 아래, 가로, 세로, 대각선으로 나란한 두 수를 살펴보고
큰 수에서 작은 수를 뺀 값이 9가 되는 수를 찾아 묶으세요.
모든 숫자를 다 묶으세요.

65	57	66	98	107	100
58	74	72	108	87	91
49	81	80	89	99	78
105	67	75	101	110	68
76	96	84	94	102	77
83	92	103	95	86	93

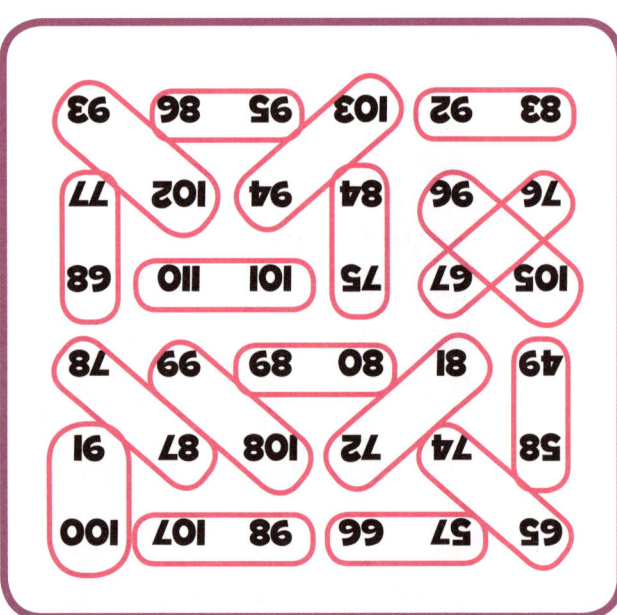

꽃의 규칙

꽃마다 쓰인 숫자에 어떤 규칙성이 있는지 살펴보고 물음표가 있는 곳에 어떤 숫자가 들어갈지 알아맞혀 보세요.

A. 14, 6 (아래 두 수를 곱하기)
B. 21, 6 (꽃잎 위의 수를 더하기)
C. 10, 8 (숫자 순서대로 배열하기)

세 가지 문제

과일, 물고기, 펭귄과 관련한 아래 세 가지 문제를 풀어 보세요.

과일 퀴즈

아래 계산식을 보고 서양배, 레몬, 사과, 오렌지가 각각 어떤 숫자를 뜻하는지 알아맞혀 보세요.

낚싯줄 문제

라일라의 낚싯줄은 겨우 6파운드를 지탱할 수 있어요. 라일라는 어떤 물고기를 잡을 수 있나요? (1파운드는 16온스와 같아요.)

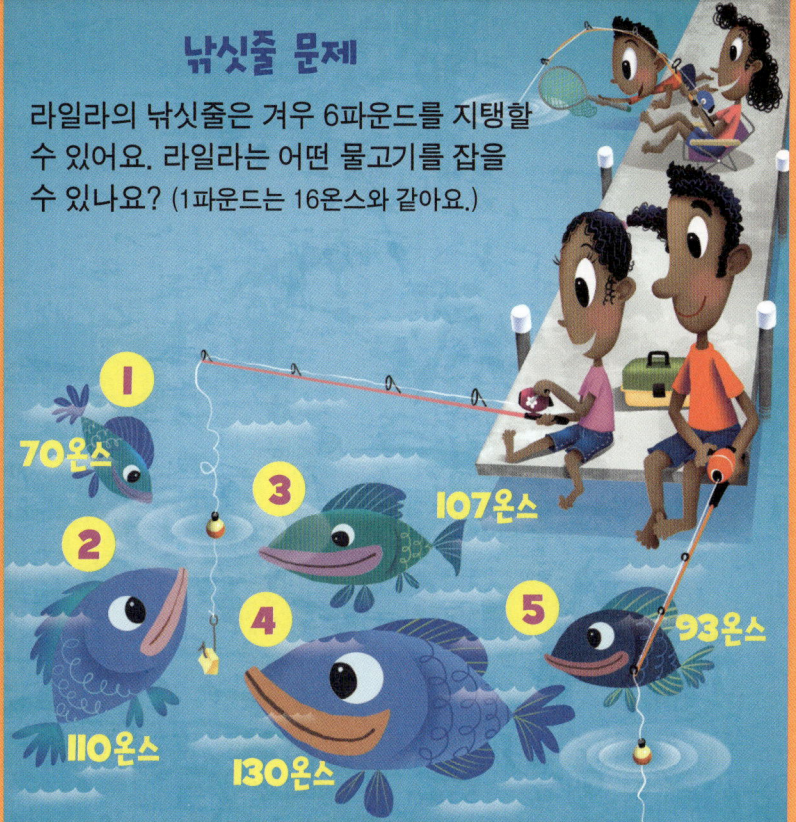

펭귄 퍼즐

점심 도시락이 든 사물함의 비밀번호를 잊어버렸어요. 도움말을 이용해서 세 가지 숫자를 알아내세요.

도움말

- 첫 번째 숫자는 한 해의 월 수와 같아요.
- 두 번째 숫자는 첫 번째 숫자와 마지막 숫자의 중간 숫자예요.
- 마지막 숫자는 첫 번째 숫자의 두 배예요.

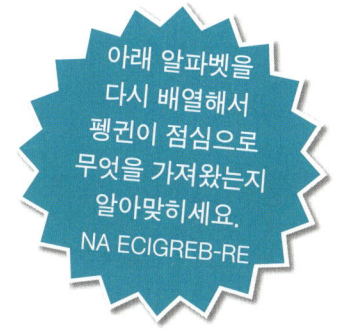

아래 알파벳을 다시 배열해서 펭귄이 점심으로 무엇을 가져왔는지 알아맞히세요.
NA ECIGREB-RE

과일 퀴즈
서양배=5 레몬=10 사과=3 오렌지=7

낚싯줄 문제
6×16=96온스
라일라의 낚싯줄은 96온스를 지탱할 수 있어요. 따라서 1번과 5번 물고기를 잡을 수 있어요.

펭귄 퍼즐
비밀번호는 12, 18, 24

보너스
AN ICEBERG-ER 아이스버거
펭귄이 좋아하는 ICE(얼음)와 HAMBERG-ER(햄버거)를 합쳐서 만든 수수께끼예요.

헛간 수수께끼

헛간의 알파벳을 이용하여 빈칸을 채우세요.
아래 수수께끼를 풀 수 있어요.

닭장 표지판에 뭐라고 쓰여 있었나요?

R									A		
8/10	6/10	6/10	9/10	10/10	4/10	5/10	7/10	3/10	1/10	2/10	3/10

닭장 표지판에 뭐라고 쓰여 있었나요?
ROOST IN PEACE 평화 속에 자다

'REST IN PEACE(평화 속에 잠들다)'가 아닌
장례식 때 쓰고 있던 미소하게 만든
수께끼에요.

특별한 음식

추수 감사절 때 만들 사과 파이 재료를 사고 있어요.
재료 값은 모두 얼마일까요?

새로 찾은 숯 10,75등급기

트럭 수수께끼

맨 아래 수수께끼 밑에는 숫자가 2개씩 쓰여 있어요. 첫 번째 숫자는 표에서 가로로 쓰인 숫자를 뜻하고, 두 번째 숫자는 세로로 쓰인 숫자를 뜻해요. 두 숫자가 만나는 곳에 있는 알파벳을 빈칸에 쓰면 수수께끼가 풀린답니다.

장거리 트럭 운전수가 듣는 음악은 무엇일까?

◯ ◯ ◯ ◯ ◯ − ◯ ◯ ◯ ◯ ◯ ◯ ◯ ◯ ◯ ◯ ◯ ◯
1,7 4,2 2,5 8,6 5,4 9,9 7,3 4,8 6,6 2,3 4,2 7,8 3,6 9,2 8,6 3,9 1,7

CROSS-COUNTRY MUSIC
크로스-컨트리 음악

COUNTRY MUSIC(컨트리 음악)에 CROSS(가로 지르는)를 붙여 만든 수수께끼예요. 장거리 트럭 운전사는 나라(COUNTRY)를 가로질러(CROSS) 오랜 시간 동안 운전을 하기 때문이에요.

생일 맞히기

스파이크, 테리, 렉스는 생일 파티를 좋아해요.
아래 대화를 이용해서 각자의 생일과 현재 나이를 알아맞혀 보세요.

테리: 2월 8일, 7시
스파이드: 6월 9일, 13시
케이스: 12월 16일, 9시

페퍼로니는 어디에?

아래 피자에 페퍼로니 소시지가 전부 14개 있어요.
아래 설명을 잘 보고 페퍼로니가 어디에 있는지 맞혀 보세요.

아래 표 안의 숫자들은 그 숫자의 주변(위, 아래, 오른쪽, 왼쪽, 대각선)에 페퍼로니가 몇 개 있는지 나타내요. 페퍼로니가 들어갈 수 없는 빈칸에 **X**표를 하고, 페퍼로니가 들어갈 빈칸에 **P**표를 하세요.

도움말

- 숫자 있는 칸에 페퍼로니는 들어갈 수 없어요.
- 숫자 0과 닿아 있는 칸에 X표를 하세요.
- 모서리에 있는 숫자 먼저 살펴보고 페퍼로니가 있다고 확신하는 곳을 찾으세요.

이 표에는 페퍼로니가 4개 있어요.

2			0
		4	
0			2

이 표에는 페퍼로니가 10개 있어요.

0					1
	1		5		
		3			2
	1		5		
				4	
0					2

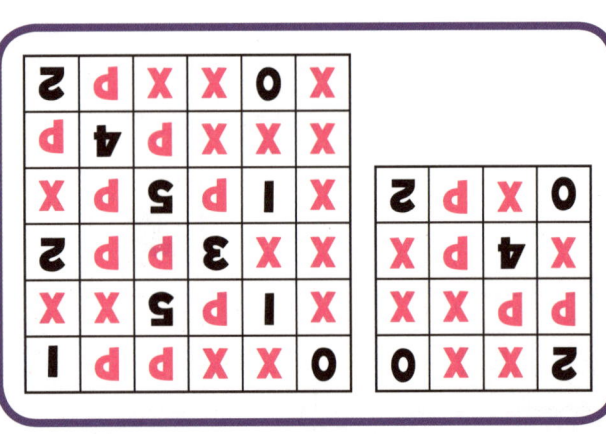

사과나무 퀴즈

가로, 세로, 대각선으로 나란한 세 나무에 열린 사과의 개수가 30개가 되도록 빈칸에 숫자를 써넣어 보세요.

고양이 더하기

아래 9가지 종류의 고양이 그림이 있어요. 각 고양이는 1부터 9까지의 숫자를 의미해요.
아래 도움말을 보고 해당 고양이에 숫자를 넣어 문제를 푸세요. 나머지 고양이들의 숫자를 알 수 있어요.

 +  =     +  =

 +  +  =

 +  =     +  =

+

도움말:  = 5    = 7

$5 + 2 = 7$; $1 + 1 = 2$
$2 + 1 + 1 = 4$
$4 + 3 = 7$; $3 + 5 = 8$

$$\begin{array}{r} 11 \\ +88 \\ \hline 99 \end{array} \qquad \begin{array}{r} 32 \\ +35 \\ \hline 67 \end{array} \qquad \begin{array}{r} 12 \\ +36 \\ \hline 48 \end{array}$$

개구리 미로

개구리가 짝수만 따라서 미로를 빠져나갈 수 있게 도와주세요.

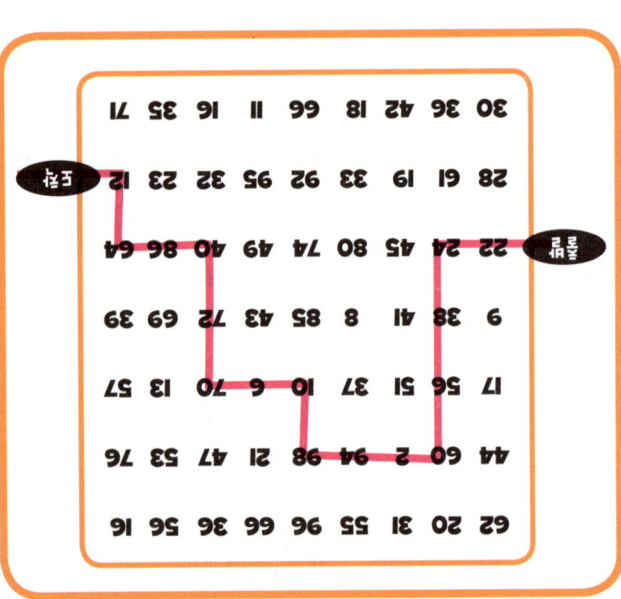

무엇을 샀을까?

마고와 니나는 시장에서 4가지 식료품을 사는 데 4달러를 썼어요.
아래 가격표와 도움말을 이용해서 아이들이 무엇을 4가지 샀는지 알아맞혀 보세요.

- 식료품 1은 '신선한'이라고 써 있지만 구운 건 아니에요. 0.50달러예요.
- 식료품 2는 바구니 안에 없고, 얇게 썰어 팔지도 않아요. 1달러예요.
- 식료품 3은 구운 게 아니고 '신선한'이라고 써 있지도 않아요. 0.50달러예요.
- 식료품 4는 '신선한'이라고 써 있지만 12개씩 팔지 않아요. 다른 식료품을 다 사고 남은 돈으로 샀어요.

시편 1: 사과
시편 2: 바나나
시편 3: 피클
시편 4: 상추

단위 환산

8가지 문제를 풀어 나온 알파벳을 맨 아래 빈칸에 적으세요.
수수께끼가 풀린답니다.

1. 국자가 티스푼보다 크다.
   맞으면 C, 틀리면 D를 1번 빈칸에 쓰세요.

2. 1킬로그램은 1,000그램이다.
   맞으면 O, 틀리면 A를 2, 9번 빈칸에 쓰세요.

3. 1리터는 1,000밀리리터이다.
   맞으면 U를 10번 빈칸에, 틀리면 5번 빈칸에 쓰세요.

4. 1인치는 10센티미터이다.
   맞으면 T, 틀리면 L을 3, 4, 8번 빈칸에 쓰세요.

5. 1킬로미터는 1,000미터이다.
   맞으면 R, 틀리면 S를 11번 빈칸에 쓰세요.

6. 센티미터보다 밀리미터가 작은 단위이다.
   맞으면 E, 틀리면 R을 6번 빈칸에 쓰세요.

7. 1톤은 1,000킬로그램이다.
   맞으면 F, 틀리면 B를 7번 빈칸에 쓰세요.

8. 1미터가 1피트보다 길다.
   맞으면 I를 5번 빈칸에, 틀리면 10번 빈칸에 쓰세요.

강아지 비스켓을 만들 때 사용된 반죽을 뭐라 부를까요?

__ __ __ __ __ __   __ __ __ __ __
1 2 3 4 5 6   7 8 9 10 11

COLLIE FLOUR

COLLIE(콜리 종의 개)와 FLOUR(밀가루)가
CAULIFLOWER(꽃양배추)와 같듯이 비슷해
만들어진 수수께끼에요.

A. 29 1+7=8 8+7=15 15+7=22 22+7=29 (7을 더한다.)
B. 12 36-6=30 30-6=24 24-6=18 18-6=12 (6을 뺀다.)
C. 4 64÷2=32 32÷2=16 16÷2=8 8÷2=4 (2로 나눈다.)
D. 81 3×3=9 9×3=27 27×3=81 (3을 곱한다.)
E. 56 4+13=17 17+13=30 30+13=43 43+13=56 (13을 더한다.)
F. 54 81-9=72 72-9=63 63-9=54 (9를 뺀다.)
G. 4 256÷4=64 64÷4=16 16÷4=4 (4로 나눈다.)
H. 625 5×5=25 25×5=125 125×5=625 (5를 곱한다.)
I. 78 12, 34, 56, 78 (1부터 숫자들을 2개씩 붙여 2자리 수를 만든다.)
J. 25 1^2=1, 2^2=4, 3^2=9, 4^2=16, 5^2=25 (1, 2, 3, 4, 5의 제곱)
K. 23 2, 12, 20, 21, 22, 23 (2가 들어 있는 숫자들을 순서대로 쓴다.)
L. 18 12-6=6 6+12=18 18-6=12 12+12=24 24-6=18 (6을 빼고 12를 더한다.)
M. 56 12, 23, 34, 45, 56 (각 자리에 1씩 더한다.)
N. 66 3, 6, 33, 36, 63, 66 (순서대로 3과 6으로만 이루어진 수)
O. 29 20+5=25 25-3=22 22+5=27 27-3=24 24+5=29 (5를 더하고 3을 뺀다.)
P. 16 9×4=36 36÷3=12 12×4=48 48÷3=16 (4를 곱하고 3으로 나눈다.)
Q. 12 9-3=6 6+6=12 12-3=9 9+6=15 15-3=12 (3을 빼고 6을 더한다.)
R. 90 40÷4=10 10×6=60 60÷4=15 15×6=90 (4로 나누고, 6을 곱한다.)

분수 수수께끼

아래 수수께끼 속 분수는 각 영어 단어의 특정 알파벳을 가리켜요.
예를 들어 'LOCUST(메뚜기)의 $\frac{1}{3}$의 뒷부분'이라고 하면
LOCUST라는 알파벳을 2부분으로 똑같이 나눈 것 중 뒷부분 ST를 가리키지요.

1. LOCUST(메뚜기)의 $\frac{1}{3}$의 뒷부분
2. MOSQUITO(모기)의 $\frac{1}{8}$의 뒷부분
3. WASP(말벌)의 $\frac{1}{4}$의 뒷부분
4. BEDBUG(빈대)의 $\frac{1}{2}$의 뒷부분
5. EARWIG(집게벌레)의 $\frac{1}{6}$의 뒷부분
6. INCHWORM(자벌레)의 $\frac{1}{4}$의 앞부분
7. SLUG(민달팽이)의 $\frac{1}{4}$의 뒷부분
8. MANTIS(사마귀)의 $\frac{1}{6}$의 앞부분
9. BEE(꿀벌)의 $\frac{1}{3}$의 뒷부분

몸이 가려운 개가 벼룩에게 뭐라고 말했을까요?

ST___ _____ ___!

Art by Eric Castleman

STOP BUGGING ME! 날 귀찮게 하지 마!

BUG에는 '벌레'라는 뜻과 '괴롭히다'라는
2가지 뜻이 있어서 생긴 수수께끼예요.

몇 점일까?

각 상자 안의 숫자를 빈칸에 알맞게 넣어 문장을 그럴듯하게 만들어 보세요.

26　28　9

보비는 아빠와 함께 미니어처 골프 경기에서 ____홀을 쳤어요. 아빠의 점수는 ____이었지만 보비가 ____점으로 이겼어요.

*골프는 점수가 낮은 사람이 이기는 스포츠예요.

20　22　35

잭은 농구팀 경기에서 ____점을 얻었어요. 불행히도 잭의 팀이 졌어요. 점수가 ____대 ____였어요.

118　23　6

나는 도서관에서 ____권의 책을 빌렸어요. 책들 중 하나는 쪽수가 ____이에요. 4월 하순경, ____일까지 돌려줘야 해요.

9, 28, 26

20, 35, 22

6, 118, 23

어떤 선물일까?

네이트와 제이다는 쌍둥이 동생들에게 선물을 하려고 해요.
선물을 4개 사고 13.20달러를 냈어요. 어떤 선물을 샀을까요?

나이트와 세이디르
13,20년도리로 피해입기, 용감, 피풍
멤프트리등 찾아요.

정답 사냥

아래 A부터 I까지의 퀴즈를 풀어서 정답을 영어 단어로 쓰세요. 영어 단어의 알파벳을 빈칸에 하나씩 쓰면 돼요. 그런 다음, 빈칸 아래에 쓰인 번호대로 오른쪽 표의 해당 번호에 알파벳을 적으세요. 칸을 다 채운 다음, 왼쪽부터 오른쪽으로 읽어 보세요.

도움말
정답이 숫자로 나올 경우에는 빈칸에 숫자로 쓰지 말고 영어 단어로 쓰세요. 예를 들어 '11'을 'ELEVEN'으로 쓰면 돼요.

A. $2 + 2 + 2 + 2 + 2 + 2 + 2$:
— — — — — — — —
27 35 19 42 2 53 23 12

B. 아이스 혹은 롤러:
— — — — —
24 5 4 43 45

C. 999,999 뒤에 오는 숫자
— — — — — — — — — —
48 31 9   18 41 52 22 51 17 46

D. '…해야 하다'를 영어로 하면:
— — — —
50 33 7 13

E. $6 + 5 + 4 + 3 + 2$:
— — — — — —
3 16 11 36 47 38

F. 어떤 일의 책임을 맡는 사람:
— — — —
32 26 20 49

G. $90 \div 3$:
— — — — — —
34 40 1 28 15 14

H. 값 혹은 비용:
— — — —
21 29 8 39

I. $48 - 36$:
— — — — — —
25 30 6 37 10 44

1	2		3	4	5	6	7
	8	9	10	11	12	13	14
	15	16	17		18	19	20
21	22	23	24		25	26	
27	28	29	30	31		32	33
34		35	36	37	38		39
40	41	42	43	44	45	46	
47	48		49	50	51	52	53

Art by Carmen Saldana

A. FOURTEEN
B. SKATE
C. ONE MILLION
D. MUST
E. TWENTY
F. BOSS
G. THIRTY
H. COST
I. TWELVE

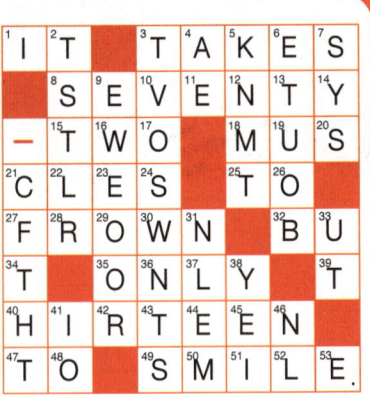

IT TAKES SEVENTY-TWO MUSCLES TO FROWN
BUT ONLY THIRTEEN TO SMILE.

찡그리는 데는 근육이 72개 필요하지만
웃는 데는 근육이 단지 13개만 필요하다.

거미는 어디에?

아래 거미줄에 전부 13마리의 거미들이 기어 다니고 있어요.
아래 설명을 잘 보고 거미가 어디에 있는지 맞혀 보세요.

아래 표 안의 숫자들은 그 숫자의 주변(위, 아래, 오른쪽, 왼쪽, 대각선)에 거미가 몇 마리 있는지 나타내요. 거미가 들어갈 수 없는 빈칸에 X표를 하고, 거미가 들어갈 빈칸에 S표를 하세요.

도움말

- 숫자 있는 칸에 거미는 들어갈 수 없어요.
- 숫자 0과 닿아 있는 칸에 X표를 하세요.
- 모서리에 있는 숫자 먼저 살펴보고 거미가 있다고 확신하는 곳을 찾으세요.

이 표에는 거미가 3마리 있어요.

	1		2
0			
	2		2

이 표에는 거미가 10마리 있어요.

3		2		2	
					3
0			4		
					3
1		1		2	

원의 합계

겹치는 두 노란색 원에 쓰인 숫자의 합이 초록색 부분에 쓰여 있어요.
각각의 노란 원에 1부터 10까지 알맞은 숫자를 적으세요.

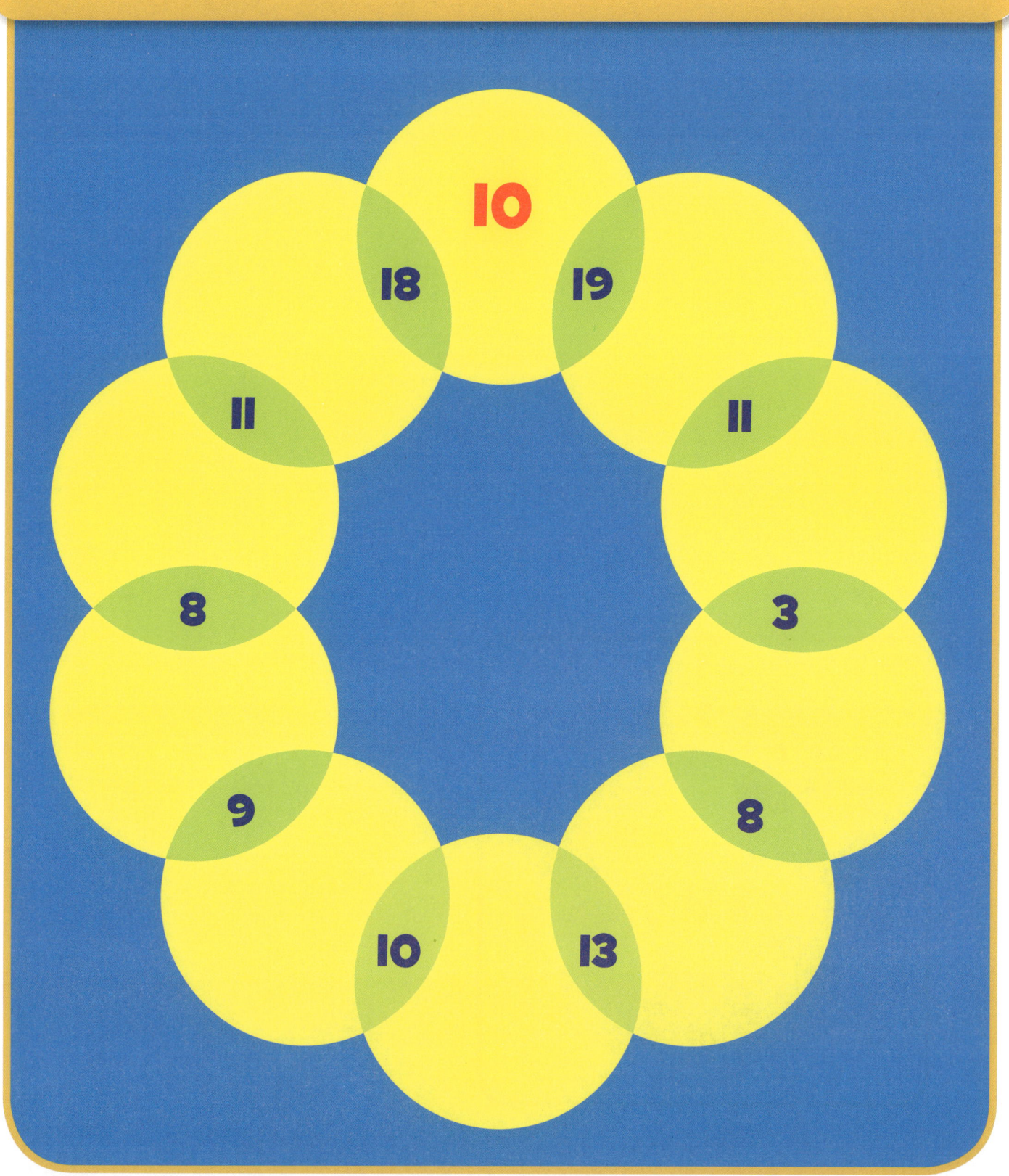

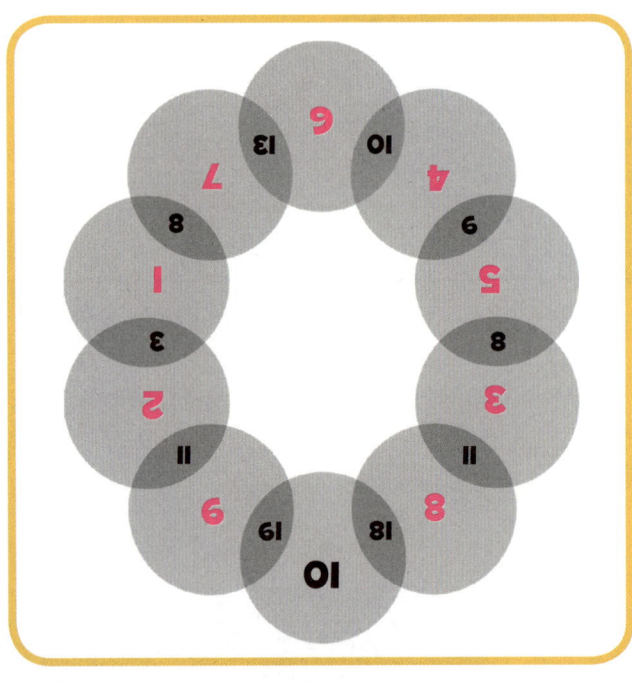

농구 선수의 키

농구 경기를 하려고 해요. 도움말을 보고 각 선수의 키가 몇 피트, 몇 인치인지 알아맞혀 보세요. 1피트는 12인치와 같아요.

도움말
- 로리는 키가 61인치예요.
- 주디와 래피는 키가 같아요.
- 셸리는 래피보다 1인치 커요.
- 맥스는 로리와 셸리 사이에 있어요.
- 주디는 로리보다 3인치 작아요.

선발 라인업

선수	키
로리	_____
주디	_____
래피	_____
셸리	_____
맥스	_____

돌잔: 5피트 1인치
주다: 4피트 10인치
해피: 4피트 10인치
렌지: 4피트 11인치
매스: 5피트

재미있는 분수

아래 수수께끼 속 분수는 각 영어 단어의 특정 알파벳을 가리켜요.
예를 들어 'HINGE(경첩)의 $\frac{2}{5}$의 앞부분'이라고 하면 HINGE라는 알파벳을 5부분으로 똑같이 나눈 것 중 앞부분 2개의 알파벳 HI를 가리키지요.

- **HINGE**(경첩)의 $\frac{2}{5}$의 앞부분
- **IDEA**(아이디어)의 $\frac{3}{4}$의 뒷부분
- **SAND**(모래)의 $\frac{1}{2}$의 뒷부분
- **GLASS**(유리)의 $\frac{2}{5}$의 앞부분
- **OWL**(올빼미)의 $\frac{2}{3}$의 앞부분
- **SHAKE**(흔들다)의 $\frac{1}{5}$의 앞부분
- **WEEK**(주)의 $\frac{3}{4}$의 뒷부분

반딧불이가 가장 좋아하는 놀이는 무엇일까요?

H I __ __ __ - __ __ __ - __ __ __ __ - __ __ __ __

반딧불이가 가장 좋아하는 놀이는 무엇일까요?
HIDE-AND-GLOW-SEEK
숨바꼭질(HIDE-AND-SEEK)에 '빛나다,'라는 뜻의
'GLOW,'를 더해 만든 수수께끼예요.

메뉴 가격 퀴즈

아래 샌드위치 메뉴, 사이드 메뉴, 그릴 메뉴, 후식 메뉴의 가격에는 각각 규칙성이 있어요.
잘 살펴보고 빈칸을 채우세요.

샌드위치
치즈..2.00달러
비엘티 샌드위치..............................____달러
참치..2.50달러
구운 쇠고기......................................2.75달러
슈퍼 클럽..3.00달러

그릴
햄버거..2.50달러
달걀과 베이컨..................................2.30달러
스테이크..2.60달러
긴 핫도그..____달러
닭튀김..2.70달러

사이드
감자튀김..1.00달러
양파링..0.75달러
코울슬로 양배추..............................1.50달러
샐러드..1.25달러
수프..____달러

후식
파이..____달러
아이스크림선디..............................1.13달러
케이크..1.01달러
큰 쿠키..0.89달러
건포도 스낵바..................................0.77달러

Art by Chuck Dillon

원드시경 2.25원지름(+0.25원지름)
그림 2.40원지름(-0.20원지름, +0.30원지름)
사이드 2.00원지름(-0.25원지름, +0.75원지름)
측시 1.25원지름(-0.12원지름)

공룡 퀴즈

3으로 나누어떨어지는 숫자를 지우세요.
남은 칸의 알파벳을 아래 빈칸에 쓰면 수수께끼의 답을 알 수 있어요.

10	33	25	12	23	13	66	41	37	6	11
T	Z	H	U	E	Y	I	C	A	K	N
42	17	4	21	60	28	26	24	5	29	38
P	T	A	M	X	F	F	J	O	R	D
10	9	19	90	16	41	3	62	27	14	50
N	L	E	Q	W	O	B	N	V	E	S

왜 박물관은 오래된 공룡 뼈를 가지고 있나요?

__ __ __ __ __ __ __ '__

__ __ __ __ __ __ __ __ __ __ __ .

왜 박물관은 오래된 공룡 뼈를 가지고 있나요?
THEY CAN'T AFFORD NEW ONES.
새로운 것을 살 형편이 안 되어서.

박물관이 오래된 공룡 뼈를 가지고 있는 이유는
과거를 연구하기 위해서인데,
새로운 것을 살 형편이 안 되어서 그렇다고
대답하는 우스운 수수께끼예요.

돼지 저금통 퀴즈

피아는 지금까지 돼지 저금통에 여러 가지 동전을 넣었어요.
어떤 동전이 몇 개 있는지 도움말을 보고 알아맞혀 보세요.

도움말

- 피아의 돼지 저금통에는 25센트, 10센트, 5센트, 1센트짜리가 있어요.
- 동전을 모두 합하면 전부 4.92달러예요.
- 동전 종류마다 개수가 똑같아요.

피아노 25센트, 10센트, 5센트, 1센트를
각각 12개씩 가지고 있어요.

초콜릿 칩은 어디에?

아래 쿠키에는 전부 12개의 초콜릿 칩이 있어요.
아래 설명을 잘 보고 초콜릿 칩이 어디에 있는지 맞혀 보세요.

아래 표 안의 숫자들은 그 숫자의 주변(위, 아래, 오른쪽, 왼쪽, 대각선)에 초콜릿 칩이 몇 개 있는지 나타내요. 초콜릿 칩이 들어갈 수 없는 빈칸에 X표를 하고, 초콜릿 칩이 들어갈 빈칸에 CC표를 하세요.

도움말

- 숫자 있는 칸에 초콜릿 칩은 들어갈 수 없어요.
- 숫자 0과 닿아 있는 칸에 X표를 하세요.
- 모서리에 있는 숫자 먼저 살펴보고 초콜릿 칩이 있다고 확신하는 곳을 찾으세요.

이 표에는 초콜릿 칩이 3개 있어요.

이 표에는 초콜릿 칩이 10개 있어요.

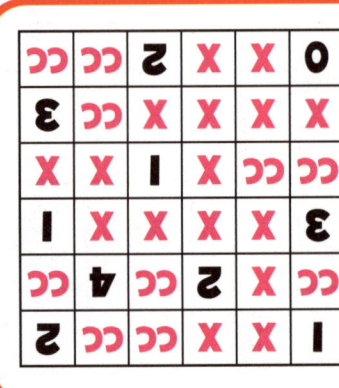

가로와 세로

아래 표에서 줄마다 나란한 숫자들을 모두 합하면 50이 돼요.
한 줄의 숫자를 모두 더해도 50이 나오지 않는 가로줄과 세로줄을 찾아보세요.

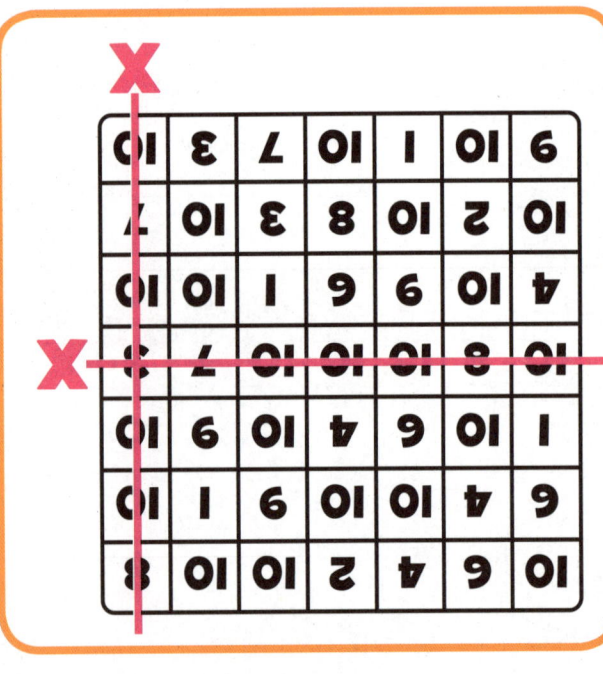

사탕은 얼마?

각 사탕은 10센트가 안 돼요.
아래 계산식을 풀어서 각 사탕의 값을 알아보세요.

🍬 + 🍬 + 🍬 + 🍬 = 16센트

🍫 − 🍫 + 3센트 = 🍫

36센트 − 🌽 − 🌽 − 🌽 = 🌽

10센트 + 🍬 + 🍬 − 🍬 = 15센트

18센트 − 🍭 − 🍭 − 🍭 − 🍭 = 14센트

🍬 + 🍬 + 6센트 = 12센트 − 🍬

🍫 + 🍫 + 🍫 − 4센트 = 8센트 + 🍫

4 + 4 + 4 + 4 = 16
3 - 3 + 3 = 3
36 - 9 - 9 - 9 = 9
10 + 5 + 5 - 5 = 15
18 - 1 - 1 - 1 - 1 = 14
2 + 2 + 6 = 12 - 2
6 + 6 + 6 - 4 = 8 + 6

역기의 무게

역기는 무게가 얼마짜리 원판을 몇 개 끼우느냐에 따라 무게가 달라져요.
각각 무게가 다른 원판을 이용해서 아래 8가지 무게의 역기를 만드는 방법을 알아보세요.

원판의 종류

18파운드
12파운드
16파운드
15파운드
10파운드
8파운드

1. 원판 2개로 18파운드짜리 만들기
2. 원판 2개로 27파운드짜리 만들기
3. 원판 2개로 30파운드짜리 만들기
4. 원판 3개로 35파운드짜리 만들기
5. 원판 2개로 33파운드짜리 만들기
6. 원판 3개로 46파운드짜리 만들기
7. 원판 3개로 39파운드짜리 만들기
8. 원판 4개로 56파운드짜리 만들기

Art by Bob Ostrom

1. 8 + 10 = 18피트

 2. 12 + 15 = 27피트

 3. 12 + 18 = 30피트

 4. 8 + 12 + 15 = 35피트

 5. 15 + 18 = 33피트

 6. 12 + 16 + 18 = 46피트

 7. 8 + 15 + 16 = 39피트

 8. 10 + 12 + 16 + 18 = 56피트

좋아하는 계절은?

숫자를 좋아하는 지젤이 3가지 계산 문제를 냈어요. 몇 번 문제의 정답이 가장 큰 수인가요? 그 문제의 색깔 있는 알파벳을 아래 빈칸에 쓰면 지젤이 가장 좋아하는 계절을 알 수 있어요.

1 정답: _____

- **N**umber of tentacles on **A**n octop**u**s
  문어의 다리 수에
- Multiplied by **T**he number of babies in a set of q**u**intuplets
  다섯 쌍둥이 아기들의 수를 곱한 뒤,
- Divided by the number of di**M**es in a dollar
  1달러가 되는 10센트 개수로 나누고
- Plus the **N**umber of cups in a pint
  1파인트에 몇 컵이 들어가는지 더하세요. (1파인트=2컵)

2 정답: _____

- Number of kittens **W**ho lost their m**I**ttens
  3켤레의 벙어리장갑을 잃어버린 새끼고양이의 수에
- Plus the **N**umber of hours in **T**wo days
  2일 동안의 시간을 더하고
- Plus the number of p**E**riods in a regular hockey game
  일반 하키 경기의 세 번의 주기 수를 더한 뒤,
- Minus the number of yea**R**s in half a century
  한 세기의 반이 몇 년인지 빼세요.

3 정답: _____

- Number of day**S** in December
  12월의 날 수에
- Min**u**s the nu**M**ber of nickels in a quarter
  25센트에 5센트가 들어가는 개수를 뺀 뒤,
- Plus the nu**M**ber of singers in a quartet
  4인조 밴드에 있는 구성원 수를 더한 수를
- Divided by th**E** numbe**R** of bases in baseball, not including home plate
  야구의 루의 수(본루는 제외)로 나누세요.

지젤이 가장 좋아하는 계절은 _ _ _ _ _ _ .

Art by Mike Moran

1. $8 \times 5 = 40$
$40 \div 10 = 4$
$4 + 2 = 6$

2. $3 + 48 = 51$
$51 + 3 = 54$
$54 - 50 = 4$

3. $31 - 5 = 26$
$26 + 4 = 30$
$30 \div 3 = 10$

지젤이 가장 좋아하는 계절은 SUMMER(여름).

미로 60

60의 약수만 통과하면서 미로를 빠져나가 보세요. 약수란 어떤 수를 나누었을 때 나누어떨어지는 (나머지가 남지 않는) 수를 말합니다. 예를 들어, 10의 약수는 1, 2, 5, 10이 되며, 10을 1, 2, 5, 10으로 각각 나누면 나머지 없이 나누어떨어집니다. 따라서 이들 수는 모두 10의 약수입니다.

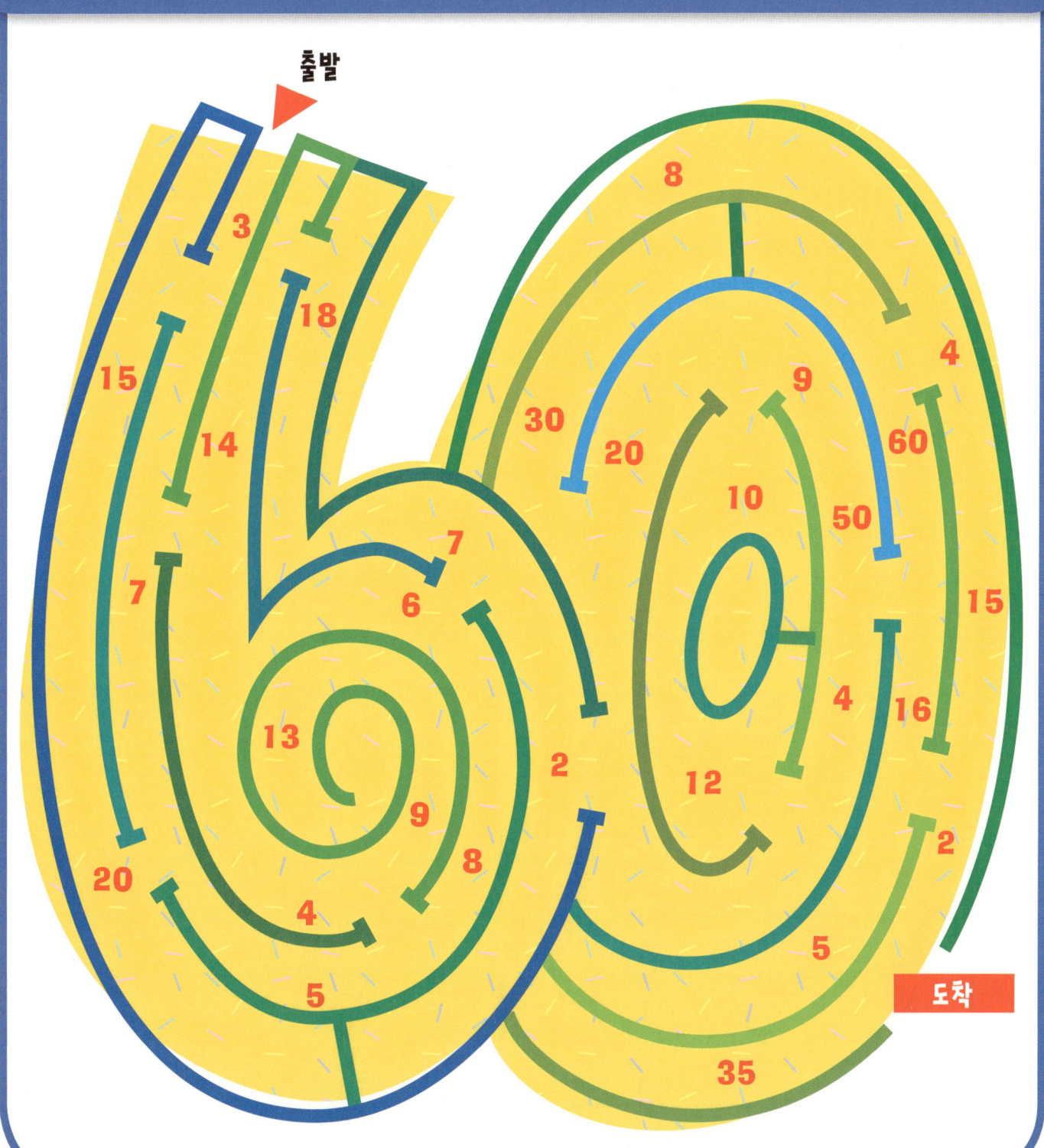

60의 약수는
1, 2, 3, 4, 5, 6, 10, 12, 15, 20, 30, 60입니다.

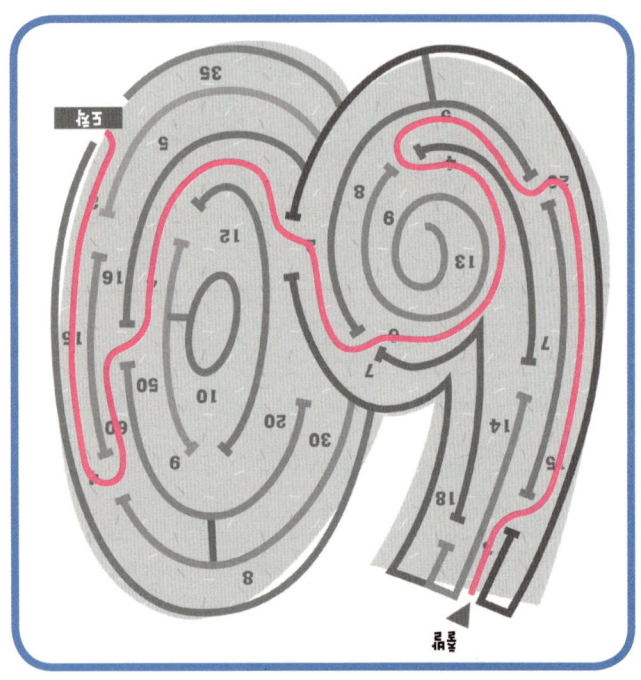

외계인의 수

즐리포 행성에 사는 외계인, 블립포들은 비가 오면 매 시간마다 1마리가 2마리로 불어나요.
눈이 오면 매 시간마다 1마리가 3마리로 불어나요.
아래에 있는 지난주 일기예보를 보고 블리포가 모두 몇 마리가 되었는지 알아보세요.

지난 금요일에 6시간 동안 비가 왔어요. 비가 오기 전에 블리포는 1마리였어요. 비가 그친 후에는 몇 마리가 되었나요? 만약 비 대신 눈이 내렸더라면 블리포들은 몇 마리가 되었을까요?

보너스
물방울무늬 블리포, 무늬 없는 블리포 중 누가 더 많나요?

1×2=2
2×2=4
4×2=8
8×2=16
16×2=32
32×2=64
6시간 동안 비가 온 뒤
블리포들은 64마리가 되었어요.

1×3=3
3×3=9
9×3=27
27×3=81
81×3=243
243×3=729
6시간 동안 눈이 왔다면
블리포들은 729마리가 되었을 거예요.

보너스
무늬 없는 블리포가 더 많아요.

괴물의 낮잠 시간

사람들은 괴물들이 낮잠을 잘 때만 다리를 건널 수 있어요.
그런데 세 마리의 괴물은 오전 8시부터 각각 낮잠 자는 시간이 달라요.
아래 도움말을 보고 사람들이 몇 시에 다리를 건널 수 있는지 알아맞혀 보세요.

괴물 허피
1시간은 깨어 있고 2시간은 자요.

괴물 러피
2시간 자고 1시간 깨어 있어요.

괴물 터피
1시간 자고, 3시간 깨어 있어요.

사람들은 괴물 셋이 모두 잠든 자는 넷 12시에서
12시에서 곧 사이에 다리를 건널 수 있어요.

후식 수수께끼

빈칸 아래 숫자들을 잘 보세요. 앞의 숫자는 후식 메뉴를 나타내고, 뒤의 숫자는 몇 번째 알파벳인지 가리켜요. 예를 들어 1-3은 1번 메뉴의 3번째 알파벳 A를 가리키지요. 같은 방법으로 나머지 글자들을 쓰면 수수께끼의 정답을 알 수 있어요.

후식 메뉴

1. PEACH PIE 복숭아 파이
2. KEY LIME PIE 키 라임 파이
3. BANANA SPLIT 바나나 스플릿
4. LEMON PUDDING 레몬 푸딩
5. MISSISSIPPI MUD PIE 미시시피 머드 파이
6. SEVEN-LAYER CAKE 7층 케이크
7. BLUEBERRY COBBLER 블루베리 코블러(파이 종류)
8. DOUBLE-FUDGE BROWNIE 더블 퍼지 브라우니
9. WHITE-CHOCOLATE MOUSSE 하얀 초콜릿 무스(디저트 종류)

욕조에서 먹기 가장 좋은 것은 무엇일까요?

A __ __ __ __ __ __ __ __ __ __
1-3 3-7 1-1 4-4 3-5 4-12 2-2   1-4 3-4 2-1 4-2

도넛들은 왜 치과 의사에게 갔나요?

__ __ __ __ __
9-4 4-4 8-10 2-2 3-11

__ __ __ __ __ __ __
8-7 5-2 2-4 4-1 9-3 4-5 8-10 3-7

총알보다 더 빠르게 아이스크림을 주는 사람은 누구일까요?

__ __ __ __ __ __ __ __ __ __!
6-1 1-4 4-4 8-2 4-6 7-4 6-10 4-3 3-4 6-5

Art by Peter Grosshauser

욕조에서 먹기 가장 좋은 것은 무엇일까요?
A SPONGE CAKE 스펀지케이크

욕조에서 쓰는 스펀지와 발음이 비슷하게
만든 수수께끼예요.

도넛들은 왜 치과 의사에게 갔나요?
TO GET FILLINGS 채우기 위해서

치과에서 충치 구멍을 채우는 재료(FILLINGS)
와 도넛 속 젤리나 크림을 가리키는 말(FILL-
INGS)이 같아서 생긴 수수께끼예요.

총알보다 더 빠르게 아이스크림을 갖다 주는
사람은 누구일까요?
SCOOPERMAN! 스쿠퍼맨!

SUPERMAN(슈퍼맨)과 아이스크림을 덜 때
쓰는 작은 국자같이 생긴 SCOOP(스쿠프)를
섞어서 만든 우스운 말이에요.

알은 어디에?

아래 둥지에 전부 14개의 알이 있어요.
아래 설명을 잘 보고 알이 어디에 있는지 맞혀 보세요.

아래 표 안의 숫자들은 그 숫자의 주변(위, 아래, 오른쪽, 왼쪽, 대각선)에 알이 몇 개 있는지 나타내요. 알이 들어갈 수 없는 빈칸에 **X**표를 하고, 알이 들어갈 빈칸에 **E**표를 하세요.

도움말

- 숫자 있는 칸에 알은 들어갈 수 없어요.
- 숫자 0과 닿아 있는 칸에 X표를 하세요.
- 모서리에 있는 숫자 먼저 살펴보고 알이 있다고 확신하는 곳을 찾으세요.

이 표에는 알이 4개 있어요.

	1	0	
3		2	
	2		1

이 표에는 알이 10개 있어요.

		1		1
4				
		2		2
4		3		
		2		3
2				0

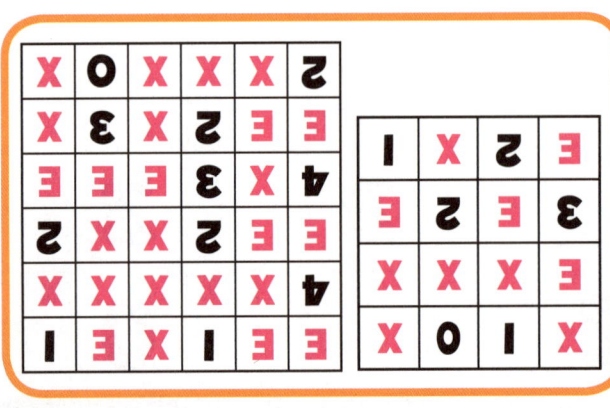

별들의 숫자

각 별에 1부터 19까지의 숫자를 쓰세요.
삼각형의 한 변을 구성하는 세 개의 별 속 숫자는 합해서 22가 되어야 해요.
같은 숫자를 두 번 쓰면 안 돼요.

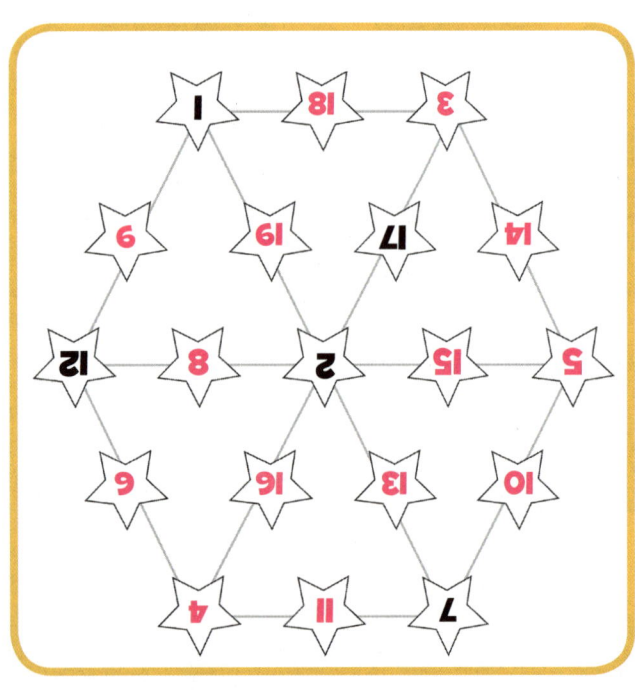

누구일까?

누가 마라톤 대회의 우승자인지 아래 도움말을 보고 알아맞혀 보세요.

도움말
- 가슴에 단 번호 두 자리의 합은 7 또는 8이에요.
- 번호의 자리를 바꾸면 현재보다 27이 더 커져요.

25번 삼수가 우승자예요.

물방울 퀴즈

아래 계산 문제를 풀어 보세요. 정답에 해당하는 알파벳을 물방울 그림 속에서 찾아 빈칸에 쓰면 수수께끼의 정답을 알 수 있어요.

기상 예보관은 어떻게 청구서를 지불할까요?

	정답	알파벳
5 × 3 =	_____	_____
2 × 9 =	_____	_____
4 × 4 =	_____	_____
6 × 1 =	_____	_____
7 × 5 =	_____	_____
3 × 8 =	_____	_____
6 × 3 =	_____	_____
11 × 1 =	_____	_____
17 × 0 =	_____	_____
2 × 3 =	_____	_____
5 × 4 =	_____	_____
8 × 0 =	_____	_____
4 × 3 =	_____	_____
9 × 1 =	_____	_____

Art by Larisa Lauber

WITH RAIN CHECKS 우천 수표로.

RAIN CHECK은 경기·공연 등이 비가 와서 취소
될 경우 나중에 쓸 수 있도록 주는 티켓이에요.
사람들이 사용하는 수표(CHECK)와 단어가
같아서 만들어진 수수께끼예요. 기상 예보관은
비(RAIN)과 관련된 수표(CHECK)를 쓸 거라고
농담하는 말이에요.

펭귄의 계산

아래 빈칸에 0에서 9까지의 숫자를 넣어 계산식을 완성하세요.
각 숫자는 한 번만 쓸 수 있어요.

A. ___ + ___ = 14
B. ___ × ___ = 12
C. ___ + ___ = 10
D. ___ + ___ = 8
E. ___ + _6_ = 6

A. 9 + 5 = 14
B. 4 × 3 = 12
C. 2 + 8 = 10
D. 1 + 7 = 8
E. 0 + 6 = 6

새로 계산해요

새들은 각각 1에서 9까지의 숫자를 뜻해요.
아래 도움말을 이용해서 빈칸에 알맞은 숫자를 넣어 계산해 보세요.

 +  = 　　　 +  =

 +  +  =

 +  = 　　　 +  =

\+ 　　　　　+ 　　　　　+

도움말:  = 1　　 = 5

1 + 4 = 5; 2 + 2 = 4

3 + 1 + 1 = 5

4 + 4 =8; 3 + 4 = 7

$$
\begin{array}{r} 11 \\ +87 \\ \hline 98 \end{array}
\qquad
\begin{array}{r} 24 \\ +42 \\ \hline 66 \end{array}
\qquad
\begin{array}{r} 65 \\ +13 \\ \hline 78 \end{array}
$$

몇 권일까?

루시, 루터, 로렌스는 책을 몇 권씩 빌렸을까요?
아래 도움말을 보고 알아맞혀 보세요.

도움말

- 세 사람이 빌린 책은 총 18권이에요.
- 루시는 루터보다 2권 더 빌렸어요.
- 루터는 로렌스보다 2권 더 빌렸어요.

Art by Alex Willmore

득시는 8판, 득티는 6판, 꼬집는 4판 냉였어요.